OBSERVATIONS

SUR

LA CONSTITUTION

Décrétée par le SÉNAT-CONSERVATEUR, le 6 avril 1814, et Discussion de quelques Articles de cet Acte.

Présentées à S. A. R. MONSIEUR, Frère du Roi, Lieutenant-Général du Royaume, le 27 avril 1814.

PAR C. DUPRÉ, HOMME DE LETTRES.

Timeo Danaos et dona ferentes.

VIRG. *Ené.*

A PARIS,

Chez les Marchands de Nouveautés.

1814.

OBSERVATIONS

SUR

LA CONSTITUTION

Décrétée par le SÉNAT-CONSERVATEUR, le 6 avril 1814, et Discussion de quelques Articles de cet Acte.

Le tems est arrivé de parler le langage de la raison et de la vérité. Vingt-quatre années de maux particuliers et de calamités publiques ont amené les esprits à l'entendre, et j'ose espérer d'être écouté.

Toute nation a sans doute la faculté de faire aux lois organiques de sa Constitution les modifications que la succession des tems peut nécessiter ; mais il ne lui est pas permis de toucher à sa charte primitive, lors même qu'elle en aurait le droit.

Ainsi le veulent impérativement sa tranquillité et son bonheur. S'il en était autrement, elle verrait bientôt les Constitutions se succéder plus rapidement que les saisons, et les plus affreuses anarchies tenir lieu de lois et de gouvernement.

Si cette vérité pouvait encore être contredite, j'en appelerais à toutes les calamités que nous avons éprouvées depuis vingt ans, pour l'avoir méconnue et pour avoir mis au rang d'articles constitutionnels des articles qui ne pouvaient faire partie que des lois organiques de la charte primitive.

En effet, la différence entre les premiers et les seconds de ces articles est infinie.

Les premiers sont par leur nature immuables ou doivent l'être, tandis que les seconds sont susceptibles d'être modifiés à mesure que l'expérience en démontre la nécessité. C'est pour les avoir confondus que nous avons épuisé la coupe de toutes les calamités qui peuvent affliger et punir l'espèce humaine.

Ainsi le Ciel permet quelquefois que le mal se fasse pour opérer un plus grand bien.

Ainsi, nouveaux enfans prodigues, nous reconnaissons aujourd'hui qu'on ne peut être tranquille et heureux que sous l'égide paternelle et non pas sous la protection des étrangers qui se sont mis à sa place.

Or, dès que nous sommes revenus au point d'où nous étions parti, comme cela est incontestable, il en résulte nécessairement que ce que les députés aux derniers Etats-généraux se sont permis de faire au-delà de leur mandat, est illégal et conséquemment nul.

Qu'ainsi la charte primitive est restée et existe dans toute sa plénitude.

Qu'ainsi, encore, la nouvelle Constitution est comme non avenue, quand bien même toute la France ne la réprouverait pas comme infiniment au-dessous de son objet et comme entachée d'une cupidité et d'une hardiesse sans exemple ; par la raison qu'elle est l'œuvre de personnes qui n'avaient pas caractère pour la faire, soit comme députés aux derniers Etats-Généraux, soit comme membres du dernier gouvernement ; à moins de prétendre que les branches d'un arbre existent toujours, quoique le tronc auquel elles tenaient soit détruit et mort.

Il est pénible d'avoir à discuter un ouvrage frappé dès sa naissance de l'improbation publique, mais l'intérêt général le demande ; et je cède à sa voix.

Etranger à tous les partis, à toutes les institutions, mais Français de cœur dans toute la force de cette qualité, j'ose espérer que le sentiment qui me guide sera un titre à la bienveillance de mes concitoyens.

Nota. Les articles de la nouvelle Constitution sont marqués de guillemets, ainsi que ce qui en fait partie.

ARTICLE PREMIER.

« Le Gouvernement français est monarchique et » héréditaire de mâle en mâle par ordre de primo- » géniture. »

Le gouvernement de la France n'a jamais cessé

d'être monarchique et héréditaire de mâle en mâle ; il est donc insidieux de décréter qu'il le sera, puisque cela suppose qu'il ne l'était pas.

Louis XVI n'a convoqué les Etats-Généraux que pour la réforme des abus que la succession des tems avait introduits dans les différentes branches de l'administration publique et pour restaurer les finances.

C'est aux mêmes fins que toutes les provinces du royaume ont nommé leurs députés à ces mêmes Etats-Généraux.

Si presque tous les membres qui les composaient se sont laissés entraîner par l'exaltation et l'esprit de novation, s'ils se sont arrogés des pouvoirs que leur mandat ne leur donnait pas, cette usurpation de pouvoir, cette violation sacrilége de leur mandat n'a jamais pu leur donner le droit d'être juges et partie dans l'odieux procès qu'ils ont intenté au vertueux Louis XVI, ni de créer toutes les institutions qui ont causé le trouble de l'Europe et les malheurs de la France.

Ces mandataires infidèles me diront sans doute qué l'assentiment donné à tout ce qu'ils ont fait les relève de la culpabilité que je leur reproche ?

Cette réponse, tant de fois répétée, est fausse et mensongère.

Mandataires prévaricateurs, répondez ; sont-ce vos mandans, sont-ce les hommes que vous représentiez individuellement, qui ont confirmé les institutions monstrueuses et les lois usurpatrices que vous avez créées? Non. Donc l'approbation dont vous vous targuez est nulle et chimérique , car eux seuls pouvaient vous la donner.

Ils se sont tus, direz-vous; j'en conviens; mais qui les contraignit à se taire? Vous, par la terreur mise constamment à l'ordre du jour. Le silence , en pareil cas, est un signe évident de deuil et d'improbation , et non pas d'adhésion tacite.

ART. II.

« Le peuple français appelle librement au trône
» de France, Louis-Stanislas-Xavier de France,
» *Frère du dernier Roi*, et après lui les autres mem-
» bres de la Maison de Bourbon. »

Cela n'est pas exact. Louis XVIII n'est pas frère du dernier Roi, mais bien oncle du dernier Roi, qui était Louis XVII, Dauphin de France, Fils de Louis XVI (1).

D'ailleurs entre 16 et 18 le nombre intermédiaire est nécessairement 17 , donc le dernier Roi était Louis XVII, et le Frère du Roi actuel, Louis XVI.

Louis XVIII n'a pas besoin d'être appelé au trône de France pour pouvoir l'occuper.

En effet, il est Roi de France par droit de nais-

______

(1) M. Delille a dit, en parlant de cet auguste enfant :

Chaque jour dans son sein verse un poison rongeur.
Quelles mains ont hâté son atteinte funeste ?
Le monde apprit sa fin, l'amitié sait le reste.

Poëme de la Pitié.

sance et comme descendant d'ancêtres qui l'étaient héréditairement, en vertu de la charte primitive, restée vierge.

L'Europe sait que le trône de Henri IV était occupé par usurpation. Or, l'usurpation n'a jamais eu besoin d'être purgée par titre nouvel ; le simple retour dans l'héritage usurpé a suffi au légitime propriétaire pour pouvoir en jouir incontestablement.

Art. III.

« La Noblesse ancienne reprend ses titres. La
» nouvelle conserve les siens héréditairement. »

La Noblesse ancienne reprendra ses titres, cela est de droit. Quant à la nouvelle, elle ne peut conserver les siens que par confirmation.

En effet, il serait aussi ridicule que dangereux de voir deux sortes de noblesse dans l'État ; l'une royale, et l'autre de la création de Bonaparte.

Le Roi saura certainement distinguer les services rendus à l'État d'avec ceux rendus uniquement à l'homme qui fut le fléau de la France.

Douter des intentions de Louis XVIII à cet égard, serait une offense à sa justice, et méconnaître les sentimens qui guidèrent toujours l'auguste Maison de Bourbon.

« La Légion d'honneur est maintenue avec ses
» prérogatives. »

Beaucoup de Sénateurs sont en même tems plus ou moins grands dignitaires de la Légion d'honneur.

Ce n'est sûrement pas le motif qui a porté le Sénat à stipuler constitutionnellement le maintien de cette Légion ; mais on pourrait le croire, et c'est un mal. La vertu qui se fait soupçonner cesse d'être vertu.

Art. V.

« Le Roi, le Sénat et le Corps-Législatif con-
» courent à la formation de la loi.

» La sanction du Roi est nécessaire pour le com-
« plément de la loi. »

Je suis loin de croire que quelque vue secrète ait fait rédiger cet article tel qu'il est, mais je ne puis m'empêcher de dire, s'il était conservé dans les termes qui le constituent, qu'il pourrait devenir aussi alarmant pour la tranquillité publique, que funeste au Roi.

Alarmant pour la tranquillité publique, parce qu'il suffirait qu'il se trouvât dans le Sénat ou le Corps-Législatif une tête volcanique capable d'influencer ces Corps au point de faire passer une loi telle qu'il serait impossible au Roi de l'accepter, et réveiller ainsi des passions ennemies de la tranquillité publique.

Funeste au Souverain, parce qu'une pareille tête pourrait présenter le refus du Roi, non pas comme un acte de raison, mais comme une infraction et une violation de la Constitution, et faire renaître par cette allégation toutes les calamités qui ont désolé la France et amené la chute du trône.

La journée du 20 juin 1792, doit servir de leçon à cet égard.

La proposition des lois doit donc appartenir exclusivement au Roi.

Le Sénat et le Corps-Législatif, s'ils sont maintenus, doivent les discuter et les approuver, s'il y a lieu.

A r t. VI.

« Il y a cent cinquante Sénateurs au moins, et « deux cents au plus.

» Leur dignité est inamovible et héréditaire de » mâle en mâle par ordre de primogéniture.

» Ils sont nommés par le Roi. »

Sans doute que dans un État comme celui de la France, il doit y avoir de grandes dignités héréditaires ; mais ces places éminentes ne peuvent être que la récompense de la vertu et d'éclatans services rendus à l'État ou au Roi, et non l'apanage de quelques hommes qui ne se repentent aujourd'hui d'avoir été du parti d'hier, que pour arriver demain aux places que leur ambition ne cesse de convoiter.

« Les Sénateurs actuels , à l'exception de ceux » qui renonceraient à la qualité de citoyens fran- » çais , sont maintenus et font partie de ce nombre.

« La dotation actuelle du Sénat et des Sénatoreries « leur appartiennent.

» Les revenus en sont partagés également entre » eux , et passent à leurs successeurs.

» Le cas échéant de la mort d'un Sénateur sans

» postérité masculine directe, sa portion retourne
» au Trésor public.

   » Les Sénateurs qui seront nommés à l'avenir ne
» peuvent avoir part à cette dotation. »

Ces dispositions de l'article VI sont d'une impudeur révoltante.

En effet, depuis quand a-t-on vu les membres d'un corps quelconque se constituer de leur propre autorité partie intégrante de l'institution qu'ils créent ; se fixer un traitement, au lieu de l'attendre du Monarque ; s'attribuer héréditairement des biens et des prérogatives ; exclure les Sénateurs complémentaires, quoique nommés par le Roi, des largesses qu'ils se sont faites et qu'ils ont élevées beaucoup an delà de celles avec lesquelles le créateur des dotations et des Sénatoreries avait récompensé l'obéissance et la soumission à ses volontés frénétiques et tous les panégyriques prononcés en sa faveur, comme Napoléon-le-Grand, le Libérateur des Nations, le Sauveur et le Père des Français ?

Comment les adorateurs de ce Dieu à pieds d'argile, ont-ils pu croire que les Puissances coalisées, ces généreuses et magnanimes libératrices des Français, seraient capables de dépouiller les propriétaires légitimes, leurs sujets, des biens qui composent ces dotations et ces Sénatoreries, pour les laisser héréditairement aux fauteurs des calamités qui depuis si long-tems ont désolé leurs États ?

Comment n'ont-ils pas vu qu'ils créaient deux

sortes de Sénateurs dans le même Sénat, l'une composée des membres actuels, créés par eux-mêmes, et par là au-dessus de ceux nommés par le Roi, dont la majorité pouvait lutter long-tems contre son autorité, par l'effet de l'hérédité ; et l'autre mineure, sans titres ni prérogatives, puisque le Roi n'avait à nommer que le complément des Sénateurs ?

Comment le Sénat a-t-il pu se méconnaître au point de se croire encore autorité publique, lorsque le dernier Gouvernement n'existe plus.

Comment, enfin, ose-t-il lutter d'autorité avec le Roi, en lui imposant la condition de confirmer, par un acte patent, signé de sa main, les dispositions révoltantes de la nouvelle Constitution, avant de pouvoir remonter sur un trône qui lui appartient par droit de naissance, et auquel les premiers Souverains de l'Europe ne l'ont rendu que par leur conviction de son droit à ce trône ?

Il est pénible de le dire, on ne trouvera dans la Charte d'aucune nation du monde des dispositions aussi immorales et aussi audacieuses.

Art. VII.

« Les Princes de la Famille royale, et les Princes
« du Sang, sont de droit membres du Sénat. »

M. d'Artois et les autres Princes de la Famille royale siéger à côté des Caïns de la France qui ont voté la mort du vertueux Abel dont elle s'honorait ? Quelle horreur ! quelle monstruosité morale et politique !

On me dira sans doute ,

Dieu fit du repentir la vertu des mortels.

Volt.

et que la religion de nos pères prescrit le pardon des injures? J'en conviens ; mais on conviendra aussi que cette morale divine ne commande pas de ré-compenser le crime.

Eh ! que deviendrait la vertu, et qui donc voudrait être vertueux , si le crime était récompensé?

Art. XXV.

« Aucun Français ne peut être recherché pour » les opinions ou les votes qu'il a pu émettre. »

Demander des lettres de grâce, c'est se reconnaître coupable. D'ailleurs, parler des effets, c'est faire remonter aux causes. Or , ici il faut chercher à effacer tout ce qui peut en rappeler les traces.

Louis XVIII a promis de tout oublier, il faut se reposer sur sa parole. Ah ! s'il voulait s'occuper de tous ceux que le fanatisme de la liberté , l'esprit de novation , et les convulsions révolutionnaires ont égaré, il aurait trop à faire.

Mais Louis XVIII est un bon père qui ne veut voir dans ses sujets que ses enfans ; non pas un juge qui cherche des coupables.

Art. XXIX.

« La présente Constitution sera soumise à l'accep-» tation du peuple français dans la forme qui sera

» réglée. Louis-Stanislas-Xavier sera proclamé Roi
» des Français, aussitôt qu'il aura juré et signé par
» un acte patent : J'accepte la Constitution, je jure
» de l'observer et de la faire observer. »

Ainsi Louis XVIII ne sera, non pas Roi de France, mais Roi des Français, qu'autant qu'il aura commencé par jurer et signer, par un acte patent, qu'il accepte la Constitution, quoiqu'elle puisse fort bien ne pas être acceptée par le peuple français, quand il ne peut y avoir de Constitution, et lorsque celle qu'on lui présente renferme des dispositions aussi cupides que déshonorantes.?

Cela est sans exemple.

Je le répète, tout ce qui a été fait par le Sénat est illégal et conséquemment nul.

On m'objectera, sans doute, que les magnanimes Puissances coalisées désiraient qu'on établit un Gouvernement provisoire, et qu'on préparât une Constitution, c'est-à-dire des lois qui assurassent la tranquillité et le bonheur des Français ; j'en conviens ; mais on conviendra aussi que ces mêmes Puissances ont été bien loin de dire et de croire que tout ce qu'elles désiraient que l'on fît pour le bien du royaume, en attendant l'arrivée du Roi, le serait illégalement.

Il était facile de concilier le tout ; qu'on ne dise pas que le tems manquait ; s'il manquait, il fallait le prendre ; c'était en gagner beaucoup que de ne pas s'exposer à rétrograder.

Le Sénat ne devait donc former qu'un Gouvernement provisoire jusqu'à l'arrivée du Souverain.

Le Roi arrivé, il eut approuvé cette institution que l'empire des circonstances commandait, d'une part; et de l'autre, S. M. aurait publié les lois organiques de la charte primitive qu'elle aurait jugées propres à assurer la paix générale et le bonheur de la France.

Cette marche, aussi franche que naturelle, aurait eu, j'ose le croire, le suffrage de tous les esprits, puisqu'elle régularisait tout, et qu'ainsi on rendait à César ce qui était à César.

Une nouvelle Constitution est inconvenante. Je crois avoir démontré combien il serait malheureux pour la France et l'auguste Maison de Bourbon, qu'on accueillit l'opinion contraire. Il n'est possible de faire que des lois organiques.

La conduite du Sénat est celle d'un Corps qui a cherché à se rendre nécessaire au retour et au maintien du nouvel ordre des choses, il s'est mépris.

Je regrette qu'il ait oublié qu'en politique un premier faux pas n'est pas ordinairement suivi d'un second, mais d'une chute.

C. DUPRÉ.

[illegible]
[illegible]
[illegible]
[illegible]
[illegible]
[illegible]
[illegible]
[illegible]
[illegible]
[illegible]
[illegible]
[illegible]
[illegible]
[illegible]
[illegible]
[illegible]
[illegible]
[illegible]